DIESER IDEENPLANER
GEHÖRT

_____

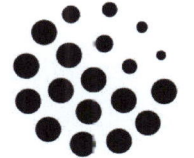

Dies ist mein

Writers Concept Ideenplaner!

Wir freuen uns sehr, dass du diesen Ideenplaner ausgewählt hast. Er bietet dir für die Konzeption deiner Figuren, der Handlung und einzelner Szenen: Viele Anregungen, inspirierende Ideen, Übungen, Tabellen zum Ausfüllen und Tipps, die dich ins Schreiben und zum Nachdenken bringen und viel Platz für eigene Notizen.

Dein *Writers Concept Ideenplaner* ist nun dein täglicher Begleiter. Habe ihn immer bei dir. So kannst du alle Ideen, die dir spontan in den Sinn kommen und deine Beobachtungen, die du in deinem Alltag, z. B. im Bus, im Büro oder in der Stadt machst, notieren. Meist sind es Kleinigkeiten, die uns auffallen und unsere Fantasie anregen: Ein Mann trägt einen gemusterten Anzug im Zebra-Look, ein anderer kombiniert pinkfarbene Schuhe zu einem roten Anzug und hat als besonderes Accessoire eine türkisfarbene Brille auf der Nase. Du kannst all deine Eindrücke aufschreiben. In deinem *Writers Concept Ideenplaner* ist ein strukturiertes Inhaltsverzeichnis, mit dem du schnell die Themen findest, zu denen du etwas notieren möchtest. Außerdem hast du auf jeder Seite die Möglichkeit, einen Projekt-Titel hinzuzufügen, so kannst du auch Ideen für mehrere Projekte sammeln.

Wenn du gerne tiefer in das Entwickeln deiner Figuren und der Handlung einsteigen möchtest und Schritt für Schritt lernen möchtest, wie du einen Roman, deine Figuren und die Handlung einfach und richtig strukturierst, dann empfehlen wir dir unseren „*Writers Concept Schreibkurs*" oder den „*Writers Concept Schreibplaner*", wenn du gerne deine persönliche Schreibstrategie entwickeln möchtest.

Writers Concept ist eine Plattform, auf der wir dich in deinem kreativen Schaffen begleiten. Näheres findest du dazu auf unserer Homepage www.writers-concept.de.

Mit unserem *Ideenplaner* möchten wir jeden ansprechen, der gerne schreibt und kreativ ist. Damit der sprachliche Fluss beim Lesen erhalten bleibt, haben wir keine spezielle Form des Genderns gewählt. Du bist bei uns willkommen, so wie du bist.

Wir wünschen dir ganz viel Spaß beim Ideenfinden und Schreiben.

„Be creative, be a writer" – sei kreativ und leg los.

Christiane und Katharina Martini

Inhaltsverzeichnis

Voraussetzungen
zum Schreiben meines Buches

Was motiviert mich?

Projekt-Titel _____

_____

_____

_____

_____

_____

_____

_____

_____

_____

_____

_____

_____

_____

Projekt-Titel _____

Was sind meine Zielsetzungen?

Projekt-Titel _____

Trage deine Tages- und Wochenziele ein:

Datum Tagesziel	Zielsetzung

Projekt-Titel _____

Tägliche Schreibübungen
Fünf-Minuten Ritual

Damit Schreiben für dich so selbstverständlich wird
wie Zähneputzen, nimm dir jeden Tag fünf Minuten
Zeit und schreibe spontan auf, was dir in den Sinn
kommt.

Diese fünf Minuten kannst du in verschiedene Bereiche
lenken:

1. Du schreibst deine ganz persönlichen Gedanken
auf.

2. Du schreibst zu einem bestimmten Thema, das du
entweder zuvor planst oder spontan festlegst.

3. Du notierst etwas zu deiner Geschichte, z. B. über:

- Eine Figur
- Deinen Protagonisten
- Eine Szene

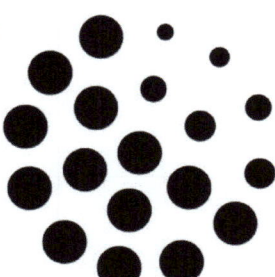

Tag 1

Tag 2

Tag 4

Tag 7

Schreibe deine Beobachtungen auf

Projekt-Titel _____

_____

_____

_____

_____

_____

_____

_____

_____

_____

_____

_____

_____

_____

_____

_____

_____

_____

_____

_____

Projekt-Titel _____

Notiere deine spontanen Ideen

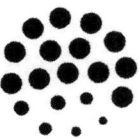

Projekt-Titel _____

Projekt-Titel _____

Projekt-Titel _____

Projekt-Titel _____

Zielgruppe

Projekt-Titel ---

Projekt-Titel _____

Wahl des Genre

Projekt-Titel --

Projekt-Titel _____

Projekt-Titel _____

Projekt-Titel _____

Beschreibung meines Lieblingsortes

Projekt-Titel _____

_____

_____

_____

_____

_____

_____

_____

_____

_____

_____

_____

_____

_____

_____

_____

_____

Projekt-Titel _____

Setting wählen

Projekt-Titel _____

Projekt-Titel _____

Projekt-Titel _____

Projekt-Titel _____

Figuren - Protagonist

Beschreibende Adjektive

Projekt-Titel _____

Projekt-Titel _____

Prägende Erlebnisse

Projekt-Titel _____

Projekt-Titel _____

Besonderheiten und Merkmale

Projekt-Titel _____

Besonderheiten und Merkmale des Protagonisten	Auswirkungen in der Geschichte

Projekt-Titel _____

 Entwicklung des Protagonisten

Projekt-Titel _____

Projekt-Titel _____

Projekt-Titel _____

Name	
Geburtstag / Alter	
Größe / Gewicht / Figur / Gang	
Haarfarbe / Augenfarbe / weitere physische Merkmale	
Gesten / Mimik	
Familiäre Herkunft / Erziehung / Ausbildung	
Prägende Erlebnisse / Ereignisse	
Familie / Beziehung /enge Freunde / weitere Freundschaften	

Einstellung zum Leben / Ziele / Bedürfnisse	
Besondere Charakterzüge	
Stärken / Schwächen	
Politische Einstellung / Religion	
Beruf / Hobbies	
Wirkung auf Außenstehende	
Entwicklung der Person innerhalb der Geschichte in wenigen Worten	

Projekt-Titel _____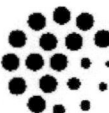

Name	
Geburtstag / Alter	
Größe / Gewicht / Figur / Gang	
Haarfarbe / Augenfarbe / weitere physische Merkmale	
Gesten / Mimik	
Familiäre Herkunft / Erziehung / Ausbildung	
Prägende Erlebnisse / Ereignisse	
Familie / Beziehung /enge Freunde / weitere Freundschaften	

Einstellung zum Leben / Ziele / Bedürfnisse	
Besondere Charakterzüge	
Stärken / Schwächen	
Politische Einstellung / Religion	
Beruf / Hobbies	
Wirkung auf Außenstehende	
Entwicklung der Person innerhalb der Geschichte in wenigen Worten	

Antagonist

Beschreibende Adjektive

Projekt-Titel _____

Projekt-Titel _____

Besonderheiten und Merkmale

Projekt-Titel _____

Besonderheiten und Merkmale des Antagonisten	Auswirkungen in der Geschichte

Projekt-Titel _____

Projekt-Titel _____

Name	
Geburtstag / Alter	
Größe / Gewicht / Figur / Gang	
Haarfarbe / Augenfarbe / weitere physische Merkmale	
Gesten / Mimik	
Familiäre Herkunft / Erziehung / Ausbildung	
Prägende Erlebnisse / Ereignisse	
Familie / Beziehung /enge Freunde / weitere Freundschaften	

Einstellung zum Leben / Ziele / Bedürfnisse	
Besondere Charakterzüge	
Stärken / Schwächen	
Politische Einstellung / Religion	
Beruf / Hobbies	
Wirkung auf Außenstehende	
Entwicklung der Person innerhalb der Geschichte in wenigen Worten	

Projekt-Titel _____

Name	
Geburtstag / Alter	
Größe / Gewicht / Figur / Gang	
Haarfarbe / Augenfarbe / weitere physische Merkmale	
Gesten / Mimik	
Familiäre Herkunft / Erziehung / Ausbildung	
Prägende Erlebnisse / Ereignisse	
Familie / Beziehung /enge Freunde / weitere Freundschaften	

Einstellung zum Leben / Ziele / Bedürfnisse	
Besondere Charakterzüge	
Stärken / Schwächen	
Politische Einstellung / Religion	
Beruf / Hobbies	
Wirkung auf Außenstehende	
Entwicklung der Person innerhalb der Geschichte in wenigen Worten	

Konfliktmöglichkeiten zwischen Protagonist und Antagonist

Projekt-Titel _____

_____

_____

_____

_____

_____

_____

_____

_____

_____

_____

_____

_____

_____

_____

_____

_____

Projekt-Titel _____

Projekt-Titel _____

Projekt-Titel _____

Weitere Figuren

Namensliste

Projekt-Titel _____

_____

_____

_____

_____

_____

_____

_____

_____

_____

_____

_____

_____

_____

_____

_____

Projekt-Titel _____

Steckbriefe für weitere Figuren

Projekt-Titel _____

Name	
Geburtstag / Alter	
Größe / Gewicht / Figur / Gang	
Haarfarbe / Augenfarbe / weitere physische Merkmale	
Gesten / Mimik	
Familiäre Herkunft / Erziehung / Ausbildung	
Prägende Erlebnisse / Ereignisse	
Familie / Beziehung /enge Freunde / weitere Freundschaften	

Einstellung zum Leben / Ziele / Bedürfnisse	
Besondere Charakterzüge	
Stärken / Schwächen	
Politische Einstellung / Religion	
Beruf / Hobbies	
Wirkung auf Außenstehende	
Entwicklung der Person innerhalb der Geschichte in wenigen Worten	

Projekt-Titel _____

Name	
Geburtstag / Alter	
Größe / Gewicht / Figur / Gang	
Haarfarbe / Augenfarbe / weitere physische Merkmale	
Gesten / Mimik	
Familiäre Herkunft / Erziehung / Ausbildung	
Prägende Erlebnisse / Ereignisse	
Familie / Beziehung /enge Freunde / weitere Freundschaften	

Einstellung zum Leben / Ziele /
Bedürfnisse

Besondere Charakterzüge

Stärken / Schwächen

Politische Einstellung / Religion

Beruf / Hobbies

Wirkung auf Außenstehende

Entwicklung der Person innerhalb
der Geschichte in wenigen
Worten

Flower-Sternen-Technik

Trage in die Sterne deine Figuren und ihre Eigenschaften und Besonderheiten ein. Der Flowerstrahl zeigt dir, wie die Figuren miteinander zusammenhängen. Du hast die Möglichkeit noch zusätzliche Strahlen einzuziehen.

Projekt-Titel _____

Dialoge

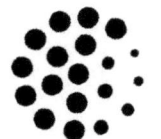

Verschiedene Dialoge

Projekt-Titel _____

_____

_____

_____

_____

_____

_____

_____

_____

_____

_____

_____

_____

_____

_____

_____

Projekt-Titel _____

Projekt-Titel _____

Projekt-Titel _____

Projekt-Titel _____

Projekt-Titel _____

Liebes-Dialoge

Projekt-Titel _____

Projekt-Titel _____

Projekt-Titel _____

Projekt-Titel _____

Streit-Dialoge

Projekt-Titel _____

Projekt-Titel _____

Projekt-Titel _____

Projekt-Titel _____

Schreibstil

Formulierungen, die mir gut gefallen:

Projekt-Titel _____

_____

_____

_____

_____

_____

_____

_____

_____

_____

_____

_____

_____

_____

Projekt-Titel _____

Projekt-Titel _____

Projekt-Titel _____

Projekt-Titel _____

Projekt-Titel _____

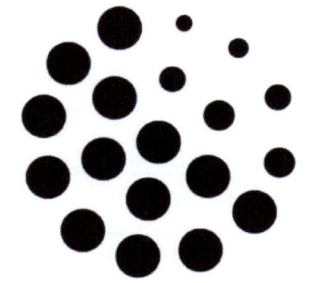

ALS KIND IST
JEDER EIN
KÜNSTLER.
DIE SCHWIERIGKEIT
LIEGT DARIN,
ALS ERWACHSENER
EINER ZU
BLEIBEN.

Pablo Picasso

Finde andere Worte für:

denken

gehen

lesen

setzen

sehen

Schreiben

Liebesszene

Projekt-Titel _____

Projekt-Titel _____

Projekt-Titel _____

Projekt-Titel _____

Streitszene

Projekt-Titel _____

_____

_____

_____

_____

_____

_____

_____

_____

_____

_____

_____

_____

_____

_____

_____

_____

Projekt-Titel _____

Projekt-Titel _____

Projekt-Titel _____

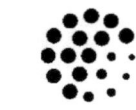 *Szenen aufschreiben*

Projekt-Titel _____

Projekt-Titel _____

Projekt-Titel _____

Projekt-Titel _____

Ideen für verschiedene Kapitel

Projekt-Titel _____

Kapitel

Projekt-Titel _____

Kapitel

Projekt-Titel _____

Kapitel

Projekt-Titel _____

Kapitel

Projekt-Titel _____

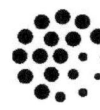

Projekt-Titel _____

Projekt-Titel _____

Projekt-Titel _____

Projekt-Titel _____

Projekt-Titel _____

Projekt-Titel _____

Projekt-Titel _____

Projekt-Titel _____

Projekt-Titel _____

Projekt-Titel _____

Projekt-Titel _____

Projekt-Titel _____

Projekt-Titel _____

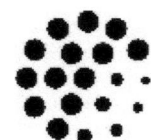

Extra

Projekt - Übersichtsliste

Projekte	Notizen

Projekt - Ideenliste

Projekt - Titel / Arbeitstitel	Idee

Gute Sprüche und Zitate

Autor	Spruch / Zitat

Autor	Spruch / Zitat

Inspirierende Gedanken

Titel - Ideen

Platz für Mindmaps

Notizen

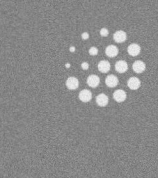
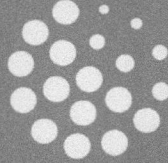

KREATIVITÄT IST DIE INTELLIGENZ, DIE SPASS HAT

Albert Einstein

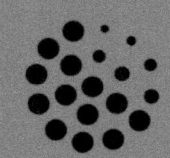
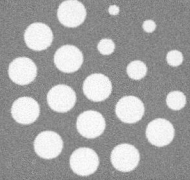

Weitere Bücher von „Writers Concept":

Schreibkurs

Schreibplaner

Autorenplaner

Folge "Writers Concept" auf

Instagram @writers.concept

Homepage: www.writers-concept.de , www.katharina-martini.de

Bei Fragen kannst du uns jederzeit über das Kontaktformular auf unserer
Homepage erreichen.

Bibliografische Informationen der Deutschen Nationalbibliothek:
Die deutsche Nationalbibliothek verzeichnet diese Publikation in der
Deutschen Nationalbibliografie; detaillierte bibliografische Daten sind im
Internet über dnb.dnb.de abrufbar.
© 2022 Christiane und Katharina Martini

Herstellung und Verlag: BoD – Books on Demand, Norderstedt

 ISBN: 978-3-7557-1069-1